AF336910

NOTICE HISTORIQUE

Le 315e

Régiment d'Infanterie

(Dans la Grande Guerre)

Par le Lieutenant Boumier, du 115e R. I.

MAMERS
IMPRIMERIE ALFRED CHEVALET
36, RUE LEDRU-ROLLIN
1920

NOTICE HISTORIQUE

Le 315ᵉ

Régiment d'Infanterie

Dans la Grande Guerre

Introduction

LE 315ᵉ RÉGIMENT D'INFANTERIE de réserve correspond au 115ᵉ Régiment actif dont le dépôt est à MAMERS. Il s'est déjà trouvé réuni en 1912 où il participa aux grandes manœuvres de l'Ouest avec la 54ᵉ Division de Réserve.

Formé à la mobilisation, il comprend en majeure partie des réservistes de 25 à 30 ans ; il n'emprunte que peu de cadres au Régiment actif.

Les opérations de mise sur pied de guerre se poursuivent activement du 2 au 8 août 1914. Le Régiment comprend une compagnie hors-rang et deux bataillons (5ᵉ et 6ᵉ) ; il va être affecté au IVᵉ Corps d'Armée, mais sans être endivisionné.

Bien que qualifié Régiment de réserve, il ne va pas tarder sous la pression des événements, à marcher aux côtés des troupes actives en première ligne.

1914

BATAILLE DE BELGIQUE

LE 315ᵉ part de Mamers le 8 août, débarque à Verdun le 10 et va aussitôt cantonner à quelques kilomètres plus loin, dans le village de BELLEVILLE.

Il y reste quelques jours, pendant le stationnement du IVᵉ CORPS dans la région.

Celui-ci marche à l'ennemi, le 21 août, avec VIRTON pour objectif, le 315ᵉ constitue l'arrière-garde du Corps d'Armée, un bataillon (le 5ᵉ) assure la garde du quartier Général de l'Armée à MARVILLE ; l'autre est détaché près des convois.

Mais la bataille fait rage en BELGIQUE ; de CHARLEROI au LUXEMBOURG, le flot allemand n'a pu être contenu et il faut songer à organiser la défense du territoire derrière les troupes qui se battent encore. Le 5ᵉ Bataillon occupe des tranchées près de VILLERS-LE-ROND non loin de la frontière, l'ennemi avance, il se heurte au 315ᵉ près de HAM-SAINT-JEAN, le Régiment subit vaillamment le premier choc, mais pressé par des forces très supérieures, il doit se retirer sur DUN-SUR-MEUSE (25 août). Repassant derrière les troupes qui contiennent l'ennemi, il organise des positions de repli vers AINCREVILLE ; mais le Général Commandant la 8ᵉ Division d'Infanterie (115ᵉ, 117ᵉ, 124ᵉ, 130ᵉ) fait bientôt appel à lui pour ralentir la poussée allemande. Le 315ᵉ tient tête résolument à MONT-DEVANT-SASSAY (N.-O. de DUN-SUR-MEUSE), mais il reçoit l'ordre de se conformer au mouvement général de retraite et se retire vers SAINTE-MÉNEHOULD. Marchant toujours vers le sud, il passe à SOMMEILLES le 3 septembre.

Mais de grands évènements se préparent, l'ordre d'attaquer sur tout le front va être lancé ; la bataille de la MARNE va commencer.

Le 315ᵉ quitte la région de la Meuse le 5 septembre et s'embarque pour venir combattre devant PARIS.

BATAILLE DE LA MARNE

Le Régiment débarque à PANTIN le 8 septembre, il se porte aussitôt à son poste de combat, vers NANTEUIL-LE-HAUDOUIN, au sud de PEROY-LES-GOMBRIES, il est soumis à un violent bombardement. Le 5ᵉ Bataillon se retire près du PLESSIS-BELLEVILLE où il vient soutenir le 44ᵉ d'artillerie.

Nous sommes au 11 septembre ; la victoire française commence à se dessiner ; le 5ᵉ bataillon franchit l'Aisne, le 13 à GUISE-LAMOTTE et prend position pour couvrir le passage de la 7ᵉ DIVISION qui se porte en avant.

La progression continue suivant la vallée de l'Oise : TRACY-LE-MONT, PUYSALAINE sont atteints ; le Régiment passe en réserve de la 7ᵉ DIVISION et continue à rester soumis à une violente canonnade (16 septembre).

Le 18 au soir, le mouvement reprend ; le 315ᵉ couvre le flanc droit de la 7ᵉ Division qui marche sur ROYE ; le 23 il arrive à VERPILLÈRES, près de la route de NOYON à AMIENS, en organise la défense et tient la position jusqu'au 29 sous un violent bombardement. Il est enfin relevé et passe en réserve de Corps d'Armée.

LA SOMME

Le 315ᵉ n'a pas quitté la région ; il arrive le 2 octobre à DANCOURT (S.-O. de ROYE), va exécuter des travaux vers GRIVILLERS, l'ECHELLE, SAINT-AURIN et ANDECHY, sur le front ouest de ROYE. Jusqu'au 7 octobre, le Régiment reste en réserve dans la région de GUERBIGNY, ARVILLERS, BOUCHOIR (12 kilomètres ouest de ROYE), occupe des tranchées, fait des travaux. Le 6ᵉ Bataillon, longtemps détaché rejoint le 5ᵉ le 13.

Jusqu'au 28 octobre le régiment évolue dans le secteur et contribue aux travaux de défense ; le 29 et le 30 il prend des emplacements pour attaquer le QUESNOY-EN-SANTERRE (9 kilomètres ouest de ROYE, près de la route AMIENS-ROYE).

PRISE DU QUESNOY (30 octobre). — Le mouvement est déclanché dans la soirée ; le 5ᵉ Bataillon (18ᵉ et 19ᵉ compagnies) pénètre dans le village à la baïonnette, gagne des tranchées de la lisière N.-E., prend une mitrailleuse et fait des prisonniers, mais avant que ces compagnies puissent se consolider, les allemands lancent une violente contre-attaque qui prend en enfilade les tranchées nouvellement conquises ; malgré l'arrivée des mitrailleuses du Régiment, il faut reculer sous le feu terrible de l'ennemi qui fauche les rangs, mais le 315ᵉ s'accroche désespérément et après un sauvage combat dans les rues et le cimetière, le village est entièrement repris et organisé, le reste du Bataillon vient renforcer les 18ᵉ et 19ᵉ.

Les allemands renouvellent leurs contre-attaques pendant toute la nuit, mais sans autre résultat que des pertes énormes.

Le lendemain 31 octobre, LE QUESNOY est soumis à un bombardement en règle et les contre-attaques recommencent dans la nuit, mais le 315ᵉ tient bon et l'ennemi, qui avait réussi à pénétrer au S.-E. du village, est définitivement rejeté avec l'aide du 140ᵉ.

Les allemands reprennent l'attaque le 1ᵉʳ novembre toujours sans succès ; le 2, effroyable bombardement qui achève la destruction du village et que le 315ᵉ supporte sans faiblir.

Le Régiment relevé vient alors occuper les tranchées du 130ᵉ à l'ouest d'ERCHES, pendant que la 15ᵉ Brigade attaque ANDECHY, puis il tient le secteur GUERBIGNY, l'ECHELLE, SAINT-AURIN et passe enfin en réserve d'Armée (13 novembre).

Dès le 25 novembre, il reprend sa place dans le secteur DANCOURT-POPINCOURT.

I 9 I 5

LA CHAMPAGNE

Le 24 mars 1915, le 315ᵉ s'embarque à MONTDIDIER et débarque le 25 au nord de CHALONS à SAINT-HILAIRE-AU-TEMPLE ; après cantonnement à la ferme de PIÉMONT, près de SUIPPES, il va tenir le secteur du moulin de SOUAIN jusqu'au 20 juillet.

Entre temps, le 101ᵉ a quitté la 7ᵉ Division et le 315ᵉ le remplace formant désormais la 13ᵉ Brigade avec le 102ᵉ.

Le 28 juillet le Régiment est relevé et va se reformer à la ferme de Piémont ; il est maintenant à 3 bataillons.

L'offensive de Champagne se prépare ; le 315ᵉ organise le secteur d'attaque face à AUBERIVE, malgré un intense bombardement.

ATTAQUE d'AUBERIVE (25 septembre). — L'attaque se déclanche le 25 au matin, menée par les 4ᵉ et 5ᵉ Bataillons ; dans un splendide élan ils bondissent jusqu'aux fils de fer ennemis, malgré un formidable tir de barrage ; mais les réseaux allemands ne sont pas détruits ; la première vague est littéralement fauchée ; la 2ᵉ vague s'élance Colonel en tête et sous un effroyable bombardement rejoint les débris de la première vague. Les rangs tombent, mais personne ne lâche pied. Le 6ᵉ Bataillon réussit enfin à dégager le reste du Régiment.

Le 315ᵉ après ces rudes journées se réorganise, reçoit des renforts et jusqu'au 20 octobre occupe sensiblement le même secteur ; le 336ᵉ vient enfin le remplacer et lui permet d'aller prendre quelques jours de repos à MOURMELON-LE-GRAND.

Dès le 1ᵉʳ novembre, le 315ᵉ revient en ligne, mais occupe alors l'est de la Champagne, vers CERNAY-VILLE-SUR-TOURBE. Mauvais endroit avec son terrain marécageux où il n'est guère possible de creuser des tranchées, les défenseurs se trouvant derrière des gabionnades ; les abris sont peu profonds, peu ou pas de boyaux. Le régiment reste dans ce secteur jusqu'au 8 avril 1916.

1916

CHAMPAGNE

Le 315ᵉ reste en réserve d'armée jusqu'au 26 avril et après un court repos revient au secteur qu'il venait de quitter ; il en part le 28 juin et à peine relevé est envoyé à la Main de Massiges (O. de VILLE-SUR-TOURBE) secteur du MONT-TÊTU.

Le Régiment tient ce coin difficile jusqu'au 16 août, en descendant des tranchées il est passé en revue par le Général WEYWADA, commandant la 7ᵉ Division.

VERDUN

Mais le repos est de courte durée ; la bataille fait rage à VERDUN ; presque tous les régiments sont appelés à passer dans la fournaise ; dès le 20 août, le 315ᵉ est enlevé en camions automobiles, il arrive le soir même à la citadelle de VERDUN. Dès le lendemain, il occupe un secteur.

Le 4 septembre, le Régiment est en première ligne dans le secteur de THIAUMONT. Le 5 au soir il se lance à l'attaque (6ᵉ Bataillon et une partie du 5ᵉ) ; la lutte se poursuit à la grenade ; l'ennemi se défend avec acharnement, les mitrailleuses couchant des rangs entiers ; les assaillants doivent s'arrêter, ils se lancent de nouveau en avant les 8 et 9 septembre, mais un infernal bombardement empêche la progression.

Le 315, très affaibli, est renvoyé à l'arrière le 21 septembre.

Mais la bataille de VERDUN n'est pas finie et nous voyons le Régiment y revenir le 23 octobre dans la région de DOUAUMONT, où il est salué par un violent bombardement. Le Colonel DEVAUX est tué en ramenant le Régiment à VERDUN ; ce sont alors l'occupation du quartier de la COULEUVRE et du bois ALBIN, les travaux en vue d'une offensive vers la côte du Poivre.

Le 315ᵉ quitte enfin « l'enfer » de VERDUN, et s'embarque à BALAICOURT pour prendre un peu de repos près de SAINT-DIZIER.

1917

LES VOSGES

Le 22 décembre 1916, le Régiment passe au 40ᵉ Corps d'Armée et rejoint la région de BACCARAT ; il vient tenir un secteur près de BADONVILLERS jusqu'au 6 mars. A la suite de l'organisation des divisions à trois régiments, il est incorporé à la 88ᵉ Division (39ᵉ Corps).

LORRAINE

Pendant la deuxième quinzaine de mars, vie de secteur sur les bords de la SEILLE, face à CHATEAU-SALINS, le long de l'ancienne frontière de 1914.

Le séjour n'est que de courte durée, le 315ᵉ remonte toujours le long de la frontière et s'installe à l'est de Pont-a-Mousson, face à Metz, il y passe un mois avant de passer en réserve d'armée à 20 kilomètres plus au Sud. Après trois semaines de repos le Régiment reprend ses anciennes positions.

CHEMIN DES DAMES

Relevé le 24 juin, après quelques mouvements dans la région de Nancy, le 315ᵉ débarque, le 17 juillet, à Neuilly-saint-Front (N. O. de Chateau-Thierry) gagne Oulchy-le-Chateau, et va occuper l'Epine de Vedegrange entre le chemin des Dames et l'Aisne.

Le Secteur est très dur, le bombardement continuel et le Régiment éprouve des pertes sensibles ; après un mois de travail opiniâtre le 315ᵉ est envoyé au repos, mais dès le 19 septembre, il reprend le même secteur et reste dans la région jusqu'au 28 septembre.

Après quelques jours de cantonnement à Zonaigne, le 315ᵉ prend les tranchées une dernière fois à la ferme de Certeaux.

Il est enfin dissous le 5 décembre 1917, après avoir vaillamment lutté pendant près de trois ans et demi.

Liste des Chefs de Corps
du 315e Régiment d'infanterie

LIEUTENANT-COLONEL DEVAUX

Lieutenant-Colonel au 115e, prend le commandement du 315e
à la mobilisation. Nommé Colonel le 5 mai 1915.
Tué le 25 octobre 1916, sur les côtes de BELLEVILLE,
près VERDUN.

COLONEL DUBOIS

Du 1er novembre 1916 au 22 mai 1917

COLONEL LALLE

Du 22 mai 1917 jusqu'à la dissolution du Régiment
(5 décembre 1917)

Mamers. — Imprimerie Alfred CHEVALET.